El jardín natural

Sally Hewitt

Traducción:
Gloria Inés Múnera

PANAMERICANA
EDITORIAL

Editor
Panamericana Editorial Ltda.

Dirección editorial
Conrado Zuluaga

Edición
Javier R. Mahecha López

Traducción
Gloria Inés Múnera

Ilustraciones
Tony Kenyon, Stuart Squires y Mike Atkinson

Diseño
David West

Diseñador
Simon Morse

Fotografías
Roger Vlitos

Consultor
Helen Taylor

Título original: Nature Garden

Hewitt, Sally
    El jardín natural / Sally Hewitt ; ilustraciones Tony Kenyon, Mike Atkinson ; traducción Gloria Inés Múnera. -- Bogotá : Panamericana Editorial, 2005.

    32 p. : il. ; 29 cm. -- (Descubre la naturaleza)
    Incluye glosario e índice.

    ISBN 978-958-30-1824-4

    1. Huertos y jardines escolares 2. Naturaleza-Enseñanza elemental 3. Animales de jardín-Enseñanza elemental I. Kenyon, Tony, il. II. Atkinson, Mike, il. III. Múnera, Gloria Inés, tr. IV. Tít. V. Serie.
I372.357 cd 20 ed.
AJE1093

    CEP-Banco de la República-Biblioteca Luis Ángel Arango

Primera reimpresión, mayo de 2008
Primera edición en Gran Bretaña por Aladdin Books, 2000
Primera edición en Panamericana Editorial Ltda., diciembre de 2005

© Aladdin Books
2/3 FITZROY MEWS, London WIT 6DF
© Panamericana Editorial Ltda.
Calle 12 No. 34-20, Tels.: 3603077 - 2770100
Fax: (57 1) 2373805
Correo electrónico: panaedit@panamericana.com.co
www.panamericanaeditorial.com
Bogotá D. C., Colombia

ISBN 978-958-30-1824-4

Impreso por Panamericana Formas e Impresos S. A.
Calle 65 No. 95-28, Tels.: 4302110 - 4300355, Fax: (57 1) 2763008
Bogotá D. C., Colombia
Quien sólo actúa como impresor.

Impreso en Colombia   Printed in Colombia

Contenido

Introducción

Observa detalladamente un jardín y encontrarás muchas cosas interesantes. Tú puedes divertirte a medida que aprendes acerca de las criaturas y dónde encontrarlas. Haz un cultivo de lombrices y obsérvalas trabajando en la tierra. Traza un mapa de hormigas y atrae las aves con una torta. Observa lo que las plantas necesitan para crecer y descubre quién visita el jardín cuando tú no estás.

1 Los números como éste te guiarán mediante las instrucciones paso a paso para desarrollar los proyectos y actividades, asegurándote de que hagas las cosas en el orden correcto.

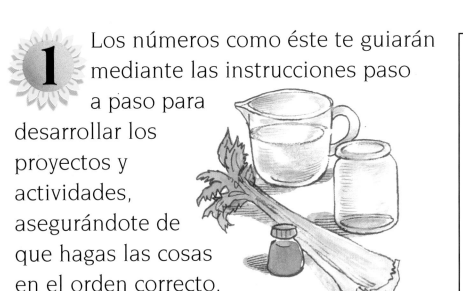

Hechos adicionales

En estos recuadros encontrarás *anotaciones de la naturaleza*, hechos interesantes e información; por ejemplo, cómo reconocer huellas de animales, lo que te ayudará a entender más acerca de tu jardín natural.

Recomendaciones

• Cuando busques algo en el jardín, ten cuidado para no pisar las plantas.

• Trata de observar los seres sin molestarlos. Si los mueves, devuélvelos siempre al lugar en donde los encontraste.

• Antes de coger tierra, asegúrate de cubrir cualquier herida que tengas.

• No te frotes la cara o los ojos cuando trabajes con plantas o tierra. Después de hacerlo, lávate siempre las manos.

NO TOQUES LA MATERIA ORGÁNICA EN DESCOMPOSICIÓN

Cuando encuentres esta señal, pídele ayuda a un adulto. Nunca utilices objetos afilados ni hagas exploraciones tú solo(a).

Busca la ayuda de un adulto.

Esta señal de advertencia te indica que debes tener un cuidado especial cuando realices un proyecto. Por ejemplo, cuando busques desperdicios en descomposición en bolsas de tierra, debes mantener las bolsas selladas. No toques ni huelas los objetos descompuestos, puesto que podrías adquirir gérmenes que te producen enfermedades.

El suelo

El suelo es una parte muy importante de tu jardín natural. Aquel contiene los minerales y el agua que las plantas necesitan para crecer. Allí habitan topos, lombrices y criaturas diminutas de toda clase.

Sedimentación del suelo

1 Descubre la composición del suelo de tu jardín. Excava alrededor de las raíces de una planta y pasa la tierra a un balde.

2 Pasa la tierra por un colador y agítalo sobre el balde. Observa lo que queda en el colador y ponlo en un papel blanco. Encontrarás piedras, residuos de plantas y hasta criaturas que viven en la tierra.

3 Ahora, mete un poco de tierra dentro de un frasco de tapa rosca. Vierte suficiente agua dentro del frasco sin llenarlo y tápalo.

4 Agita la tierra con el agua y luego deja el frasco en reposo.

5 Ahora observa el frasco cuidadosamente. El suelo se habrá sedimentado y formado capas en el agua.

Capas del suelo

El suelo es una mezcla de plantas muertas, animales y diminutos trozos de roca. Los diferentes tipos forman suelo arenoso, calcáreo o arcilloso.

Residuos de plantas

Lodo

Arcilla o cal

Arena

Gravilla y piedras

7

Desperdicios en descomposición

Las plantas y los animales muertos que se descomponen en el suelo ayudan a enriquecerlo y a que nuevas plantas crezcan. No todo se descompone rápidamente. Algunos desperdicios se mantienen sin cambiar por mucho tiempo.

Bolsas con desperdicios

1 Observa cuáles desperdicios se descomponen y cuáles no. No arrojes al piso las cáscaras de banano, los corazones de las manzanas, los pañuelos de papel, las latas o los paquetes de papas: ¡entiérralos!

NUNCA RECOJAS DESPERDICIOS DE LOS BASUREROS

2 Echa un poco de tierra dentro de bolsas plásticas transparentes, y luego, algunos desperdicios dentro de la tierra de cada bolsa. Sella las bolsas.

3 Observa las bolsas cada determinado número de días, pero no las abras.

Notarás que los corazones de las manzanas se descomponen rápidamente, pero las cáscaras de los bananos se demoran más. Los desperdicios plásticos no se descomponen en absoluto.

Descomponedores naturales

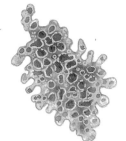

Existen diferentes plantas y animales que trabajan directamente sobre los desperdicios naturales como hojas, leños o criaturas muertas, descomponiéndolos. Éstos se llaman descomponedores.

Los hongos no pueden considerarse plantas. Éstos crecen y se alimentan de la madera en descomposición.

Los líquenes crecen sobre las rocas y la madera, erosionándolas o descomponiéndolas.

Las lombrices introducen hojas y residuos de plantas muertas en la tierra y se las comen.

Los gusanos que salen de los huevos de la mosca doméstica se alimentan de los cuerpos de criaturas muertas.

Las marranitas viven en lugares húmedos y oscuros y se alimentan de hojas y madera.

Las semillas

Los jardineros cuidan las plantas y las flores que cultivan en su jardín y se toman su tiempo arrancando hierbas y malezas que no sembraron. Tú puedes descubrir que las semillas se esconden en la tierra, esperando para crecer.

Jardines de tierra

1 Recoge tierra de dos lugares diferentes del jardín, por ejemplo, debajo de un árbol y al lado de una cerca. Pon la tierra de cada uno de estos sitios en bandejas plásticas y márcalas con el nombre del sitio de donde provienen.

2 Riega ambas bandejas cada tercer día. Después de un tiempo, podrás ver retoños que brotan del suelo, aun cuando no hayas enterrado ninguna semilla.

3 Algunos retoños pueden ser de pasto o de maleza. Una semilla de un árbol puede crecer un día y convertirse en un joven árbol. Un árbol de rosa puede crecer de un escaramujo arrojado por un ave.

Esparciendo semillas

Las plantas esparcen de diferentes maneras sus semillas, para darles la oportunidad de convertirse en plantas nuevas y fuertes.

Las aves se alimentan de bayas jugosas como las cerezas. Las semillas son pequeños granos dentro de la baya, las cuales caen al suelo junto con los excrementos de las aves.

Las semillas de la castaña de Indias son pesadas y caen directamente al suelo. Búscalas debajo de un árbol de castaña de Indias.

Las semillas de diente de león flotan en pequeños paracaídas. El viento puede esparcir sus semillas muy lejos.

El pasto verde

El pasto en el campo es alimento para los animales y en un jardín es una alfombra suave y verde. Pero el pasto tiene otra función. Sus raíces sostienen el suelo en su lugar cuando llueve y hace viento, evitando la erosión. En los diferentes tipos de suelo crecen variedades de pasto.

En la oscuridad

1 Este proyecto te mostrará que la luz del Sol hace que el pasto se mantenga de color verde. Busca una esquina de pasto en tu jardín.

2 Cubre esa porción de pasto con un pedazo de cartón grueso. Ponle una piedra encima para evitar que se vuele.

3 Levanta el cartón después de dos semanas y observa lo que le ha ocurrido al pasto. En la oscuridad, el pasto se torna de color verde pálido o amarillo y empieza a morirse.

Uso de la luz solar

Como ocurre con el pasto, las plantas requieren la luz del Sol para crecer y sobrevivir. Las plantas fabrican su propio alimento utilizando la luz solar. Esto se denomina fotosíntesis.

Fotosíntesis

Las plantas necesitan la luz del Sol para producir su alimento. Al captar la energía solar la transforman en clorofila que les da el color verde a sus hojas.

Sol

Dióxido de carbono

Oxígeno

Como parte de la fotosíntesis, las plantas producen otro gas llamado oxígeno.

Las hojas verdes atrapan la energía del Sol. Éstas utilizan la energía para producir alimento a partir del agua y de un gas presente en el aire llamado dióxido de carbono.

Sin la luz del Sol, las plantas no podrían producir alimento y morirían.

Las plantas

Todos poseemos venas que transportan la sangre por todo nuestro cuerpo. Las plantas también tienen venas. Estas venas transportan el agua y los minerales que la planta necesita para crecer, hacia cada una de las partes de ésta. Observa cómo el agua sube por el tallo hacia las hojas de una rama de apio.

Beber agua

1 Para este proyecto necesitarás una jarra con agua, un poco de colorante azul para alimentos y una rama de apio con hojas.

2 Mezcla el agua con el colorante en la jarra y mete la rama de apio. Deja la jarra cerca de una ventana por unas horas.

3 El agua azul subirá lentamente por las venas del tallo hacia las hojas, coloreándolas de azul.

Busca la ayuda de un adulto.

4 Ahora, corta el tallo. Verás que las venas se han manchado de azul.

Raíces

Las raíces crecen hacia abajo, dentro del suelo, dándole sostén a la planta. Aquellas poseen diminutos "pelos" que absorben del suelo el agua y los minerales que la planta necesita. El agua entra en las raíces, sube por el tallo hacia las hojas y luego sale al aire.

Las zanahorias son raíces hinchadas que almacenan agua para suministrarle a la planta.

Agua en la tierra

Las flores

La vida de una planta comienza como un huevo diminuto. La flor es la parte de la planta en la que se producen los huevos que luego se convertirán en semillas. Las semillas crecen entonces hasta convertirse en nuevas plantas. Si observas una flor de cerca, verás todas las partes que ella necesita para producir semillas.

Partes de una flor

1 Los estambres nacen en el centro de la flor. El polvillo amarillo, llamado polen, se produce en la punta del estambre. El polen puede producir alergia en ciertas personas.

Ovario

Tallo

Pétalo

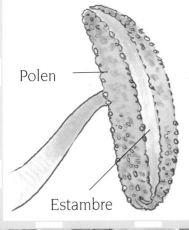

Polen

Estambre

2 Los pétalos se valen de los colores, las formas y los aromas para atraer a los insectos y aves que se alimentan del polen y del jugo dulce que la planta fabrica, llamado néctar.

Estambre

3 El estigma nace también en el centro de la flor. Los granos de polen que caen sobre el estigma bajan, en forma de hilo, y se unen con un huevo dentro del ovario. El huevo se convertirá entonces en fruto y dentro de éste se hallará la semilla.

4 El ovario es el sitio donde se forman los huevos que se convertirán en semillas.

Estigma

Ovario

El polen fertiliza un huevo para formar un fruto.

El poder de la flor

Observa las flores de todos los colores, formas, tamaños y aromas que crecen en los diferentes sitios del jardín.

Flor del manzano

La flor del manzano se convierte en fruta en el verano.

Los bulbos de narciso pueden sembrarse en materas y jardineras.

Narciso

La madreselva trepa por las paredes y cercas. Su aroma es muy dulce.

Madreselva

Estigma

Las aves

Las aves visitan el jardín en busca de alimento y agua. Durante la primavera, encuentran allí un refugio para construir su nido. Tú puedes asegurarte de que siempre haya alimento y bebida para las aves.

Torta de invierno para las aves

1 En invierno es más difícil que las aves consigan alimento. Utiliza miga de pan viejo, maní sin cocinar, tiras de tocineta y manteca de cerdo para prepararles una torta de invierno a las aves.

2 Forra un molde para tortas o *muffins* con papel parafinado. Mezcla en un recipiente la miga de pan, el maní y la tocineta picada.

3 La manteca de cerdo le dará consistencia a la torta, a la vez que les suministrará grasa a las aves para que conserven el calor. Derrite la manteca en una cacerola a fuego lento hasta que se vuelva líquida.

Busca la ayuda de un adulto.

5 Deja que la mezcla se enfríe. Retírala del molde y coloca tu torta de invierno afuera, lejos del alcance de los gatos. Pon agua también.

4 Mezcla la manteca derretida con la mezcla seca y vierte todo en el molde.

Alimento de las aves

Las aves encontrarán toda clase de alimentos en el jardín.

Algunas aves se alimentan de bayas y frutas. Otras atrapan insectos en el aire.

Las orugas, los caracoles y las lombrices son alimentos provocativos para las aves.

Las aves pequeñas picotean el suelo buscando semillas e insectos.

En invierno, cuando la tierra está dura y no hay bayas, las aves se alimentarán de la torta de invierno que preparaste.

Las huellas

Las aves no son las únicas que visitan el jardín en busca de alimento y agua. Otras tímidas criaturas vienen en la noche o cuando no hay nadie. Sus huellas te dirán quién estuvo allí.

Visitantes hambrientos

1 Llena una bandeja para hornear con arena húmeda y nivélala.
En un plato, pon trozos de comida como pan negro, frutas, vegetales y nueces. Vierte leche o agua en una salsera.

2 Coloca la comida y el líquido en la bandeja y déjala en un lugar tranquilo en el jardín. Observa las huellas en la bandeja por la mañana y nuevamente en la noche.

3 Anota quién ha dejado huellas en la arena. ¿Vinieron en la noche o en la mañana? Mira cuidadosamente y luego borra las huellas.

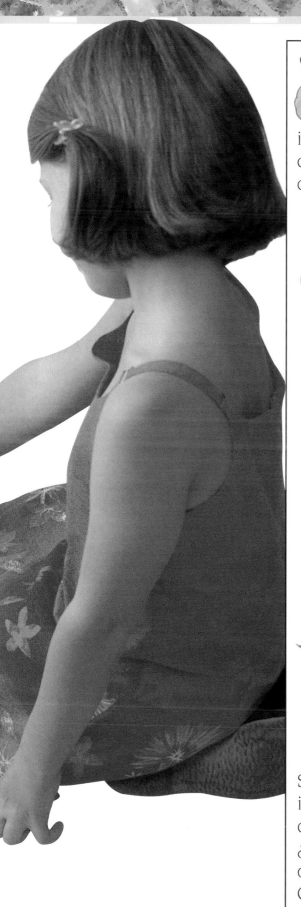

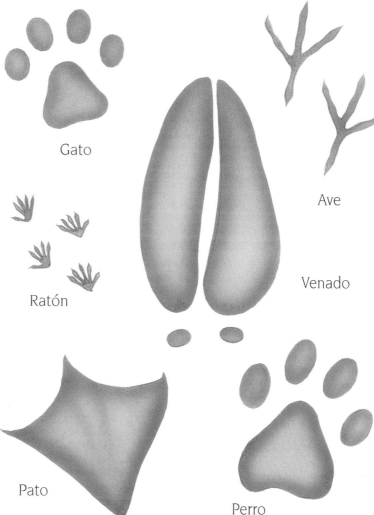

Identifica las h

Utiliza estas figuras
las huellas que han o
impresas en tu bandeja. Estas figu
del tamaño natural de las huellas re
de los animales.

Gato

Ave

Ratón

Venado

Pato

Perro

Si una huella no coincide con las de tus figuras,
intenta encontrar una que se le parezca. ¿Podrías
decir si se trata de un ave o de otro animal?
¿Es grande o pequeño? Pídele a un adulto
que te ayude a descifrar las misteriosas huellas.
Compáralas entonces en una guía de campo.

Los insectos

Busca insectos en el suelo, debajo de las piedras, sobre las plantas, descansando en las paredes, escondidos en grietas o nadando en el agua. Haz un registro de los insectos que viven en el jardín o que lo visitan.

Insectos visitantes

1 Necesitarás un trozo de cartulina, una regla, lápices de colores y una lupa.

2 Copia en tu cartulina la tabla que se ilustra aquí. Puedes agregarle columnas adicionales. Dibuja una luna si llegas a encontrar en la noche insectos como polillas.

Vivienda de los insectos

	Libélula	Polilla
(hoja)		x
(hierba)	)	x
(flor)		
(ladrillos)	x	
(charco)		

	Mariquita	Avispa	Mariposa
			X
		X	

3 Busca insectos en el jardín. Observa de qué están alimentándose y regístralo, con una cruz, en tu tabla. ¿Qué parte del jardín tiene más visitantes? ¿Los insectos llegan de noche o de día?

Las partes de un insecto

Todos los insectos tienen seis patas, un esqueleto que cubre su cuerpo y sensores llamados antenas. Muchos poseen alas.

Avispa

Tórax

Ala

Abdomen

Pata

Antena

Ojo compuesto

Escarabajo

Los insectos pueden ser muy diferentes entre sí. Los escarabajos tienen caparazones duros y brillantes que protegen sus delicadas alas. La manera más sencilla de saber si una criatura es un insecto es contando sus patas.

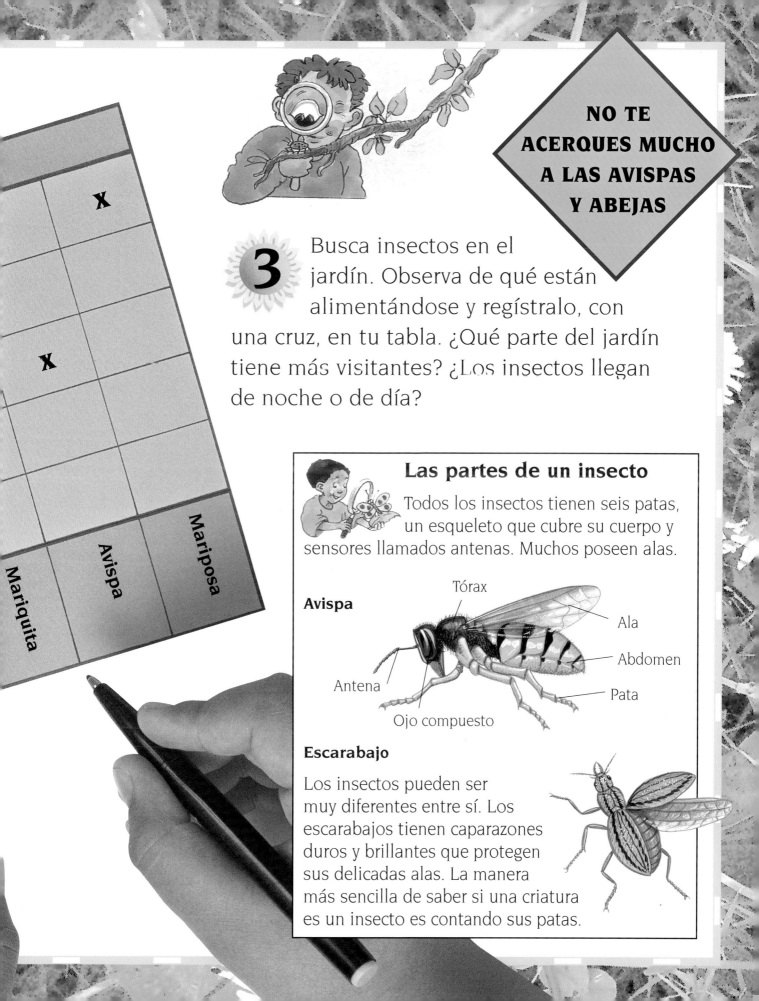

Pequeñas criaturas

Existen muchas criaturas pequeñas como las arañas y las babosas, que no son insectos. Las arañas tejen redes de seda para atrapar el alimento. Las babosas y los caracoles se deslizan dejando huellas plateadas. Los milpiés se escabullen por sitios oscuros y húmedos. Construye una trampa para atrapar pequeñas criaturas en tu jardín natural.

Construye una trampa

1 Cava un hoyo en el suelo, suficientemente profundo para que puedas introducir un pequeño recipiente. Mete en el recipiente trozos de fruta y una cucharada de alimento para gatos o perros.

2 Cubre la trampa con una roca que se sostenga en uno de sus extremos con otra piedra pequeña, dejando un pequeño espacio.

3 Deja la trampa toda la noche. Levanta la roca para ver qué has atrapado. Antes de dejar escapar tus pequeñas criaturas, intenta identificarlas.

Búsqueda de pequeñas criaturas

Con una lupa, observa si puedes encontrar alguna de estas criaturas en tu jardín natural.

El caracol se esconde dentro de su concha en situaciones de peligro.

Caracol

Las arañas no son insectos porque poseen ocho patas.

Araña

Los milpiés, con cientos de patas, se alimentan de hojas y de plantas muertas.

Milpiés

Las babosas salen a buscar alimento después de la lluvia.

Babosa

Las hormigas

Las hormigas tienen seis patas, por tanto son insectos. Las hormigas se desplazan frecuentemente por largos senderos, siguiendo todas el mismo camino. Este proyecto te ayudará a saber si hay un hormiguero en tu jardín natural.

Senderos de hormigas

1 Llena hasta la mitad un recipiente con agua tibia; agrégale dos cucharaditas de azúcar y mezcla hasta que el azúcar se disuelva.

Carnada

Carnada

Hormiguero

Carnada

2 Agrega pequeños trozos de pan viejo y déjalos reposar un momento. Retira el pan antes de que se deshaga y llévalo al jardín.

3 Coloca los pedazos de pan por todo el jardín como carnada. Las hormigas encontrarán la comida y se la llevarán, formando una fila. Si tú sigues esta línea que han formado las hormigas encontrarás su hormiguero.

4 Dibuja un mapa de los sitios donde colocaste las carnadas de pan. Dibuja líneas que indiquen el camino que las hormigas tomaron para transportar la comida. El hormiguero estará en donde todas las líneas se encuentren.

Carnada

Carnada

Casa

Hormigueros

Las hormigas viven y trabajan juntas en un nido bajo la tierra. Ellas construyen muchos túneles. La hormiga reina pone huevos. Las hormigas obreras buscan el alimento y lo llevan a casa, introduciéndose en los túneles.

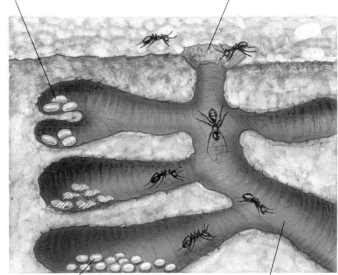

Huevos más viejos

Entrada al hormiguero

Huevos jóvenes

Túnel principal

Las lombrices

A medida que las lombrices excavan, van comiendo tierra y dejando a su paso montículos finos de tierra que se llaman humus. Tú puedes ver cómo las lombrices llevan hojas y residuos de plantas muertas dentro de la tierra para masticar.

Observa las lombrices

1 Necesitarás una caja de zapatos, una bolsa de basura, cinta pegante, plástico transparente, hojas y residuos de plantas, tierra y lombrices.

2 Forra la caja con la bolsa para la basura y fíjala con cinta pegante. Esto hará que la caja sea a prueba de agua.

3 Llena la caja con tierra húmeda y coloca adentro algunas lombrices que hayas sacado del suelo del jardín.

4 Deja que las lombrices excaven la tierra, y esparce luego las plantas y hojas sobre la tierra.

5 Cubre la caja con plástico transparente y perfóralo para que entre el aire. ¿Cuánto tiempo demoran en desaparecer las hojas y los residuos de plantas?

Acerca de las lombrices

Las lombrices no son una plaga en los jardines. A los jardineros les gusta que en el suelo haya lombrices porque ellas ayudan a la descomposición. Esto hace que el suelo se airee, lo cual es bueno para las plantas. El suelo que no posee lombrices es sólido, muy pesado para excavar y no es apto para el cultivo.

Glosario

Aves

Las aves se alimentan de bayas, frutas, insectos y de criaturas que encuentran en el suelo. En invierno es difícil para ellas conseguir alimento suficiente.

Tú puedes aprender cómo preparar una torta de invierno para las aves en las páginas 18 y 19.

Descomponedores

Los descomponedores son organismos o plantas que ayudan a que los animales y plantas muertos se descompongan.

Tú puedes descubrir cuánto tiempo toman en descomponerse diferentes objetos en el proyecto de las páginas 8 y 9.

Flores

Las flores se encuentran en los sitios donde se forman las semillas que más adelante se convertirán en nuevas plantas. Ellas tienen diferentes formas, pero todas constan de las mismas partes.

Descubre las partes de una flor en las páginas 16 y 17.

Fotosíntesis

Éste es el nombre del proceso por medio del cual las plantas utilizan la luz del Sol, el dióxido de carbono, el agua y el color verde de sus hojas, llamado clorofila, para producir su propio alimento.

Observa cómo funciona la fotosíntesis en las páginas 12 y 13.

Hormigas

Las hormigas son insectos que viven en hormigueros bajo tierra. Ellas transportan su alimento por largos senderos.

Ve a las páginas 26 y 27 para que sepas cómo forman las hormigas un sendero transportando comida, y así puedas ubicar su hormiguero en tu jardín.

Insectos

Todos los insectos tienen seis patas. Toda criatura con más o menos de seis patas, no es un insecto. A los insectos les gusta alimentarse en diferentes lugares.

Registra los mejores lugares para ubicar insectos en tu jardín, y observa las partes de las que está formado un insecto, en las páginas 22 y 23.

Lombrices

Las lombrices viven bajo tierra. Éstas descomponen el suelo y les facilitan a las plantas su crecimiento. A la mayoría de jardineros les gusta tener lombrices en los jardines.

Tú puedes aprender a hacer tu propio cultivo de lombrices con el proyecto de las páginas 28 y 29.

Pasto

El pasto mantiene el suelo en su lugar y proporciona alimento a los animales. El pasto necesita la luz del Sol para conservar su color verde.

Comprueba cómo el pasto necesita de la luz solar para permanecer verde, en las páginas 12 y 13.

Raíces

Las raíces sostienen las plantas firmemente en el suelo. El agua y los minerales suben desde el suelo a través de las raíces hacia la planta.

Tú puedes ver cómo las plantas toman el agua en el proyecto de las páginas 14 y 15, utilizando una rama de apio y agua coloreada.

Semillas

Las plantas brotan de semillas. Dentro de una semilla existe una nueva planta y allí está el alimento que ella necesita para comenzar a crecer.

Tú puedes descubrir si hay semillas bajo tierra esperando para crecer, en el proyecto de las páginas 10 y 11.

Suelo

El suelo se compone de varias capas de roca, plantas y restos de animales que se han descompuesto con el tiempo. Los distintos tipos de roca se descomponen formando los diferentes tipos de tierra.

Tú puedes observar todas las capas del suelo, en el proyecto de las páginas 6 y 7.

Índice